Marina Alejandra Domínguez

Perderse, Encontrarse, Despertar

© Marina Alejandra Domínguez - *Perderse, Encontrarse, Despertar*

© Editorial La Rueca

www.editoriallarueca.com

Primera edición: abril 2025

ISBN: 979-13-87525-31-6

Depósito Legal: M-9890-2025

Impreso en España - UNIÓN EUROPEA

Dedicado primeramente a Dios, a mis padres,
a mi familia, a mi niña interior,
a todos los que partieron sin cumplir sus sueños.

Es un libro que trata vivencias, emociones, recuerdos, sueños; también sobre la vida y la muerte, cómo superar la partida de un ser querido, aprender a amarnos tal cual somos, sobre todas las cosas, amar a las personas que son parte de tu vida, quizás mañana no estén a tu lado como quisieras; todos están de paso, cada ser viene a dejarnos experiencias. Este libro está escrito con mucho amor sobre experiencias propias; tiene un poco del más allá, de esos seres que trascendieron, que nos visitan en sueños; tiene un poquito de mi otro yo, de mi vida actual, de vidas pasadas, del despertar espiritual, mensajes del más allá. No lo olvides: la vida es un constante vaivén de sensaciones, miedos callados, momentos difíciles, de caerse, de volver a levantarse, de ser destruidos y reconstruirse, de liberarse, soltar, desplegar las alas y emprender el vuelo.

SALVARTE

Nadie vendrá a salvarte; verás que cada uno tiene que valerse por sí solo, ¡¡que ya no están papá y mamá, que eran tu lugar seguro y que de niño todo podrían solucionarte!!; ¡¡verás que tu único lugar seguro y con quien podrás contar todo el tiempo sin importar día y horario serás tú mismo!!; ¡¡sí, vos!! Que eres más fuerte de lo que piensas, que te sobran fuerzas para enfrentar las tempestades de la vida, que puedes caerte, decepcionarte, perder las ganas de seguir luchando, pero es un momento, son etapas, de eso trata la vida de altibajos. Es la noria de los adultos; si quieres gritar, pues grita y (fuerte); si quieres llorar, llora... y mucho; abrázate, cúrate las heridas, ámate, y de repente verás el arcoíris, reirás, bailarás, cantarás, te mirarás al espejo y dirás: «¡Lo logré! ¡¡Yo sí puedo!!». Cabeza erguida y a paso firme, a seguir andando por esta vida, ¡no olvides que nadie vendrá a salvarte! ¡O te salvas o te conviertes en comida de los más fuertes!

UN DÍA A LA VEZ

¿Y si vives un día a la vez?,
aceptando lo bueno, lo malo,
recordando que muchas situaciones
no dependen de ti.
Por eso, disfruta cada momento
por más simple que sea; pero si
los disfrutas, que sea sin miedos, sin culpas,
sin preocupaciones, ya sea tomando un café,
viendo el atardecer. Ni pasado, ni futuro.
Es hoy, que es lo único seguro que tenemos.

PERDERME

En las largas horas de silencio me atropellan los recuerdos.

Como si en un instante mi vida entera quedara plasmada en una imagen o un aroma, la niña que fui y la mujer que soy, como un gran puzle con un par de piezas faltantes, cicatrices que marcaron mi alma y mi cuerpo, que son las formas que el tiempo encuentra para que no olviden aprender las lecciones que nos enseñan y nos hacen crecer, y dice: «No renuncies..., pero... ¡¡tampoco te apegues!!»

Al perderme tantas veces pude al fin encontrarme.

NIÑA

Dulce niña de ojos tristes, mirada distante.
Sé que te invaden dulcemente los recuerdos,
a veces tus pasos van sin rumbo al caminar,
suave melodía que te lleva a ese lugar
mágico; quítate los zapatos y camina de puntitas.
¡Se siente muy bien!, ¿verdad?
Tranquila, que con tus zapatos nadie podrá caminar;
a veces son muy justos, otras muy pesados.
Pero son los que te tocan llevar. Toma mi mano.
No sientas miedo, estoy aquí... Sanarás.

Almas que susurran, ellos vienen a veces solos,
otras acompañados de otros tantos seres, que se acercan
y murmuran sus deseos de dejar el mensaje para ese ser
querido; la mayoría está feliz, tiene un buen semblante.
Todos se dejan ver, algunos aún no sanan, confundidos
se quedan a mi alrededor y esperan a que plasme
el mensaje en mi libreta y así poco a poco van desapareciendo
con el alba, cuando las primeras luces del día se dejan ver por
la ventana, después de una larga noche de voces.
El ambiente es tranquilo, sereno, lleno de paz...

ROMPER EL PATRÓN FAMILIAR

Cuando dejas de estar en contra del sistema familiar. Cuando dejas de juzgar, criticar.

Cuando aceptes a cada uno tal cual es.

Cuando das las gracias cada día por tus ancestros. Vinieron antes que vos e hicieron lo mejor que pudieron dentro de sus posibilidades.

Te han dado la vida, y eso te hace perfecta. Dales el lugar que merecen en tu corazón. Viaja a tu interior, sana desde adentro. Ama a los demás y, sobre todo, ámate. Motívate y tendrás una fuerza emocional. A tu favor, identifica esos patrones negativos. Detecta la creencia que sostiene al patrón. Libera las creencias y emociones que de cierta forma te asocian al patrón.

Lleva adelante una nueva energía amorosa.

Sal del círculo que lleva generación tras generación repitiéndose una y otra vez: rompe el círculo.

Ama sin condiciones; acepta, sana, cierra heridas. Abraza a tu niña interior, no sucederá de la noche a la mañana; pero con constancia, perseverancia, lo podrás lograr.

SOLA NO PODRÁS

Tal vez te hicieron creer que el amor duele,
que el amor lastima, que debes perdonar innumerables veces.
Su falta de respeto, sus palabras hirientes, su desamor.
Que la mujer debe estar en la casa ocupándose de los quehaceres,
que si usas esa falda o esos *jeans* que tanto te gustaban
es porque quieres provocar o que tienes otro hombre.
Si te despiertas sonriendo, feliz, a él le molesta.
Que si tienes amigas o vas a la casa, aunque sea de tus padres,
es porque eres una vaga.
¡Duele!, ¿verdad? Ya es tiempo de dejar todo eso atrás, de cerrar
¡¡esa puerta y de decir «basta»!! No merece tus lágrimas,
tus noches sin dormir, por miedo a que llegara pasado de alcohol
y te maltratara, o que tuvieses que huir de madrugada
para salvarte, te hace creer que eres tú la culpable,
que después de él no habrá otro,
que con hijos nadie te querrá, no es culpa tuya.
Claro que podrás con todo, que saldrás adelante,
que dormirás tranquila, aunque necesites ayuda o
contención familiar; vete, ahí no te quedes.
Sálvate, no es fácil, lo sé, pero tú puedes.
No pienses en qué dirán, nadie lleva tus zapatos.
¡Pronto todo será un mal sueño y la tormenta pasará!

MUJERES CARMESÍES

Ellas son las hijas del atardecer, vienen del otro lado del ocaso.
Donde los colores carmesíes tiñen el final del día
invitando a la bella noche, con sus constelaciones y la luna,
a brillar.
Las Hespérides se encargan de poner colores al atardecer,
de cuidar
que cada uno de ellos sea único e irrepetible, colores infinitos
en verano y dorados cuando el señor otoño está por llegar.
Las he visto
una vez en unas de esas tantas veces que me sentaba
a contemplar
ese momento mágico que es un sinfín de colores digno
de contemplar;
a veces quisiera ser una de ellas y teñir algún atardecer
de un rojo escarlata, rosa fucsia o magenta.

MUJER LUNA

La mujer como la luna, mágica, cíclica, bella, espiritual.
Misteriosa,
compañera, mística.
Tan bellas y cambiantes,
fascinado el poeta al
contemplar el brillo sin igual.
Piel de doncella,
corazón de guerrera,
energía
divina, honra tu brillo, el infinito poder de tu luz,
no necesitas nada fuera de ti.
Despierta, mujer, semilla de luz divina, florece.
Y conviértete en una estrella radiante en el universo.

A veces siento estar perdido,
desconocer cada rincón de este lugar,
perderme mirando el horizonte.
Y no poder descifrar en qué época me encuentro.
Lo que tengo por seguro es que soy libre,
disfruto de cosas simples
y que no habría mejor lugar en el mundo,
donde el aire puro te acaricia la frente,
el mar rompiendo en las rocas parece hablar.
las gaviotas vuelan sobre la mar azul turquesa,
que rodea este lugar sin igual.
Paraíso que me abriga y me sostiene
cuando todo parecía derrumbar.
Me quedaré por aquí contemplando perdido
el inmenso y bello mar.

TE LO DEBES

Respirar otros aires, abrir nuevas puertas,
sentir otros aromas, ver otros paisajes,
probar nuevos sabores,
redescubrirte, innovarte,
ser diferente, ser sol, luna,
río o mar, ser libre como el viento,
otros horizontes conquistar.
Siempre libre, que nadie te pueda atrapar.
¡¡¡Sé tú, te lo debes!!!

MOMENTOS

En los momentos difíciles y sinsabores de la vida,
cuando sientas que tu mundo se desmorona
y pierdes el equilibrio, crees no poder seguir.
Recuerda que todo, absolutamente todo es TEMPORAL.
Todo pasa, se transforma.
La nostalgia, el desánimo, la desolación
se convierten en alegría, bienestar y felicidad.
Todo toma un tiempo, nada es sencillo,
así que no temas, continúa de pie,
escucha tu voz interior, tu corazón.
De eso trata la vida, de estar en la cúspide y
de repente sucumbir. Para eso estamos aquí.
¡¡Aprender y evolucionar!!

BRUJA

Apuesto que, al escuchar esta palabra, se te viene a la cabeza una mujer malvada que hacía pociones y tenía algún pacto con el diablo, que sobrevolaba los cielos montada en su escoba...

En Europa se realizaba la caza de las brujas ejecutadas por la Iglesia y la sociedad, condenadas y acusadas injustamente, solo por tener una conducta que no era acorde a esa época, no podían cuestionar nada a la autoridad, pensar diferente.

No podían usar su inteligencia o mostrar sus virtudes. Mujer con conocimientos garantizaba una cierta LIBERTAD y estaba mal visto por largo tiempo.

Las mujeres no podían tener un saber que las empoderaba (uso medicinal de plantas); fueron perseguidas por pensar diferente, por su afán de vivir libres.

Sin ataduras a jerarquías de la época.

Ayudemos a quitarles la connotación demoniaca y honremos a nuestras antepasadas, que murieron quemadas y torturadas, tan solo eran sanadoras, visionarias. Hoy en día son sanadoras, terapeutas, herbolarias, parteras.

¡¡Son las brujas de antaño!!

EL TIEMPO

Hazte amigo del tiempo, es el narrador más cruel, decían ellos.
Cuánta razón tenían, el tiempo vuela:
apenas comenzaste a ser niño,
de repente ya tienes que ser adolescente; te acostumbras a serlo
y pum, tienes que ser adulto, un sinfín de responsabilidades.
Te das prisa por todo, ya tienes personitas que dependen de ti.
Los momentos vividos los tienes atesorados
en un cofrecito guardado.
Cada vez tienes menos tiempo para ti...,
para lo que te gustaba hacer.
Sabes que es necesario que tengas ese tiempo para ti,
que no es el mismo
tiempo que le tienes que dar a los demás;
vive y haz de tu tiempo
lo más importante,
dedícate todos los momentos que sean necesarios.
Ríe, baila, juega, viaja, medita,
lo que hagas con tu tiempo estará bien.
El tiempo no se detendrá a esperar a nadie;
al final de cuentas,
sabrás lo valioso que es
y no lo perderás con cualquier cosa.

SUEÑOS

La belleza de los sueños es no rendirse, no dejar de creer en ellos, que si luchas cada día por cumplirlos eso que tanto anhelas se hará realidad. NO dejes nunca que otro te haga desistir, hazlo por ti y por los que se fueron sin poder hacer realidad sus sueños...

MIEDOS

Todos tenemos algunos,
podría decir que la mayoría le teme a la muerte,
¡no me equivocaría! Otros temen a los cambios,
otros a quedarse solos;
a medida que pasan los años,
tendrás que aprender a entender y
a gestionar tus miedos.
El miedo, sin duda,
es una de las emociones que más nos condiciona
y que hace mucho daño.
En algunas situaciones el miedo te paraliza,
te debilita y te bloquea,
pero no dejes que el miedo te limite,
debes aceptar, relajar, afrontar
y dejar que pase el tiempo,
¡¡luego verás que podrás superarlos!!

LA SOLEDAD

No siempre la soledad es mala; al contrario,
porque cuando estamos
solos podemos conocernos mejor,
entre el bullicio de la gente jamás
llegarás a conocerte,
para ver tu interior y conocer tus miedos,
tus virtudes,
para no apegarte emocionalmente a otra persona.
Verás que no necesariamente
estar siempre rodeada de personas es lo que está
bien, yo soy partidaria de tomar esa distancia...,
de tener siempre un
tiempito a solas conmigo misma;
se siente muy bien, prefiero conocerme,
porque si no me conozco no puedo conocer a alguien más.
En soledad podrás escuchar tu corazón,
trabajar en tu interior,
amarte para luego poder amar,
¡¡así que no temas!!...
¡¡La soledad es buena!!

ES DE VALIENTES

Caer, golpearse fuerte, levantarse
con la cabeza erguida y mantenerse de pie
ante las tempestades de la vida.
Con valentía y paciencia seguir adelante,
acomodar la armadura y seguir avanzando y saber que aún queda
mucho por recorrer.

DESHOJÁNDOTE

Sé que en reiteradas oportunidades te has sentido así,
que ya no te quedan pétalos ni hojas,
que lentamente fuiste perdiendo, con cada situación difícil,
cada herida, hasta sentir que te has amustiado.
Desvaneciendo lentamente sin fuerzas y sin afán alguno,
de repente en una noche de tertulia
entre tu corazón y tu alma
el cuerpo volvió a cubrirse de vida,
de pétalos de terciopelo,
de una luz brillante y pura,
todo lo que te habían despojado
regresó a su lugar y fuiste la flor más hermosa del jardín.
Inspiraste a otras flores,
diste tu néctar a abejas y colibríes.
Cada vez que sientas que eres deshojada...,
recuerda que otros seres
también dependen de ti,
que traes una esencia sublime
que nadie te la podrá quitar;
intentarán cambiarte, destruirte,
pero tu esencia quedará intacta,
pura y ancestral
por muchas vidas e infinitas ALMAS.

FELICIDAD

Me preguntaron hace muchos años
qué era la felicidad para mí...
Sonriendo les dije:
«Felicidad es... tener un hogar.
Tener a mi madre aún.
Despertar cada mañana y saber
que estoy viva y tengo salud.
Felicidad es poder ver el atardecer,
ver las estrellas, escuchar el canto de los pájaros,
sentir el viento acariciar mi rostro.
Felicidad es disfrutar de la inocencia de un niño.
Felicidad es poder sonreír, bailar, ser libre.
Y amar incondicionalmente».

MENSAJEROS

Espacios en blanco en tu mente afloran,
pensamientos divinos de luz traerán.
Construirás pensamientos de austeridad.
Aquieta tu alma,
escucha esa voz que murmurando en tu oído está;
no tengas prisa, ve lento y cauteloso,
esa luz que traes dentro
al mundo has de mostrar,
sin miedos ni tapujos,
solamente la verdad:
que tu misión en este mundo es sanar almas,
tus manos y corazón dispuesto a dar.
No dejes jamás de amar,
de traer paz, serenidad
y abrigo a la humanidad,
aunque seas incrédula de tu despertar.

ESPÍRITUS

Ellos son parte de mi vida, de mi día a día.
Tener esas habilidades de sentir y comunicarse
con seres y energías de otras dimensiones.
Percibirlos, tener premoniciones, ya se tornó
algo normal como desayunar, escuchar música.
Hoy estoy familiarizada con esos sucesos,
pero cuando todo comenzó era superdifícil
para mí, me sentía agobiada, sin poder comprender.
Solo me preguntaba: ¿por qué a mí?
Solo sabía que no quería tener eso.
Decía: quiero ser normal. Consulté en muchos lugares.
No obtuve respuesta alguna, pasaban los años,
hasta qué un día, en un centro espírita en Brasil,
me hicieron un *atendimento fraterno*.
Al pasar a la sala para sentarme, me dice Joao:
«No se trata de querer o no querer tener esas habilidades.
Naciste con ello y es algo que no se pude devolver.
Te acompañará hasta el final de tus días».

Respiré hondo y solo lo miré y pregunté:
«¿Cómo hago para poder convivir con esto?».
Deja tus miedos a un lado,
acepta esta dádiva que Dios te obsequió.
Desde ese día empecé a aceptar y a tener calma.
Asimilar el DON como parte de mi ser, de mi esencia divina.
Muchas veces cuando aquí me siento incomprendida
esos seres con su energía sublime me renuevan y
reparan con su inmenso amor.

MIS GUÍAS ESPIRITUALES

Son quienes me acompañan y
establecen conmigo una comunicación positiva.
No me juzgan, están siempre ahí para responder mis dudas.
Me reconfortan y me protegen, me dan su amor incondicional.
Están constantemente a mi lado, respetando mi libre albedrío.
Se comunican conmigo a través de sueños,
sensaciones corporales
(escalofríos, calor).
Pensamientos repetitivos,
y en ocasiones un sutil aroma a flores.
Solo agradecimiento hacia ellos:
gracias por guiarme en la dirección
correcta; gracias por mostrarme lo que necesito saber;
¡¡¡gracias,
es una sensación tremenda y
hermosa tenerlos siempre cerca!!!;
¡¡¡gracias por ser esa luz que ilumina mi ser!!!

ROSA CARMÍN

De aroma inconfundible que perfuma mis días, tan bella y delicada llegaste a mi vida. A veces me pregunto si en verdad existes o es solo una fantasía para inspirar mi vida. Suave y aterciopelada, inconfundible dama carmesí. En mis noches vacías y de insomnio me brindas tu compañía, te asomas suavemente, me susurras al oído invitándome a soñar. No puedo resistirme, tomo tu mano, cierro los ojos y te veo bailar sonriendo en el rosedal. En cada movimiento suave y sensual me llevas y me traes perdido entre tus pétalos; cómo quisiera que el tiempo se detuviera y ese momento se pausase. Contemplarte eternamente dueña de mi suspirar. Rosa que el tiempo ni el viento han de deshojar…

Aunque el tiempo difumine tu rostro en aquella foto que guardo en la cartera, los recuerdos junto a ti siguen intactos como esos momentos en que apoyaba mi cabeza en tu hombro y todo mal se esfumaba…

Tu voz, melodía perfecta para mi alma, pareces un ángel que me despierta cada mañana; quédate junto a mí, no tengas prisa, enséñame tus alas y volemos juntos cada madrugada.

LA MALA

Era la mala por decir verdades, por
no callarme nada.
Mala hija por no seguir reglas
impuestas por la familia.
Mala por no dejarme humillar más.
Mala por soltar lo insostenible.
Mala por el simple hecho de nacer
diferente, por ser la oveja negra, por
cambiar de rumbo una y otra vez.
Mala por no ser demostrativa. ¿Tan
mala puedo ser? Por querer ser
diferente, por elegir otros caminos,
por decir la verdad, por no vivir con la
sonrisa en la cara. Entonces mil veces
prefiero ser la mala criticada que ser
la buena a la que todos halagan.

SI DECIDES REGRESAR

Ha dejado la puerta abierta, por si ella decide regresar. Jamás la ha soltado. Aunque pasaron muchos años, él aguarda su regreso, se ha quedado en esos años que eran de los dos. Aunque tengan cada uno su vida, sus hijos, él no la ha olvidado, vive el presente pero perdido en su pasado; sé que recuerdos inundan su mente de momentos junto a ella, permanece intacto ese amor, ¡¡como si los años no pasaran!! ¡¡Quién pudiera atrapar un corazón así!! En su corazón él la ama, la idolatra, se aferra, ¡¡¡apega y estima como a nadie en el mundo…!! ¡¡Esa puerta, sin duda, seguirá abierta por si decides regresar!!

ROMPECABEZAS

Así es la vida, un rompecabezas, cada pieza tiene su lugar, una razón de estar, se necesita mucha paciencia y perseverancia para encajar cada pieza en el lugar correcto, no siempre la primera pieza colocada será la correcta o adecuada, cada meta alcanzada es una pieza más que nos completa. Hay piezas que no encajan y tú insistes en colocarlas solo para sentirte más completo. En nuestro rompecabezas de la vida hay diversas piezas como el trabajo, la familia, la salud, el amor, esperando que al finalizar nuestra vida todo encaje perfectamente y observar, orgullosos de haberlo logrado, completar cada espacio vacío y ver la hermosa imagen que se ha formado.

EL PODER DE SANAR

Poder sanar desde adentro para luego
lograr sanar por fuera; lo primero es
reconocer que estás roto, herido, que
hay situaciones que te han dañado
demasiado, que hay heridas muy
profundas y otras superficiales; no
sanamos el pasado si moramos allí, así
que deberías vivir plenamente el
presente, perdonarte y perdonar,
suelta lo que no puedes controlar, que
nada controle tu vida, vive desde el
corazón, ámate, escucha tu voz
interior, no tengas miedo de mirar
dentro de ti, es ahí donde está el
poder para sanar; si crees en ti y
permites sanarte, la magia sucederá…

SALVÁNDOSE A SÍ MISMA

Quedarse en una relación violenta tiene un alto costo emocional; para salvarse, como en la guerra, hay que tener estrategias y sentirse autosuficiente; no será fácil, te dará mucho miedo, hay que recuperar la autoestima, porque entre la frustración y el abuso no te sientes segura de nada, apenas llegas a reconocerte de todas esas cosas que fuiste perdiendo, mejor dicho, que te hizo perder; te das cuenta de que los verdaderos monstruos no habitan en los cuentos, lo tienes cada día en casa: agrede, ofende, ataca; en fin, un sinfín de abusos a diario, y no te da tiempo para pensar en cómo huir. El día menos pensado quizás acabe con tu vida y no llegues a contar el infierno que has vivido; entonces te pones de pie, recoges cada pedacito roto, abres la puerta y lentamente te vas, solo llevas lo puesto y en cada mano unas manitos pequeñas que te aprietan fuerte y te dicen que todo estará bien. Respirar aire puro, sentir el aroma a libertad, te sientes como una mariposa desplegando sus alas, y ver el maravilloso cielo, descubrir que los días no son solo oscuros o grises, que el cielo tiene hermosos colores, las estrellas brillan y las tormentas solo duran un momento y sale en el horizonte un bello arcoíris invitándote a la libertad…

QUIZÁS RETORNASTE CUANDO YA NO ESTABA

Quizás se fue sin esperar tu regreso. Quizás dolía su ausencia.
No lograste perdonarla.
Su error fue desmesurado.
Pero el dolor de perderla más aún.
Nada se podrá recuperar de lo que fueron.
¡Lo sabes! El tiempo es tirano y los errores
tienen un alto precio.
Acepta su desidia y ve a mirar otros ojos,
otras sonrisas, a besar otros labios.
¡Sé feliz!, pero feliz de verdad,
¡¡¡esa vida superficial con esa falsa dicha y
alegría de nada servirán si deshecho por dentro estás!!!

UN CUENTO PARA DORMIR

Lo creas o no, hay una niña que vive en el cielo en un castillo entre las nubes. Durante el día juega y salta de nube en nube con su inseparable amiga mariposa, ríen y cantan hasta que cae la noche, el silencio y las estrellas las acompañan; la niña no puede dormir, cierra los ojos, pero los vuelve a abrir, entonces la mariposa tiene una idea y dice:

—¿Qué te parece si dormimos en una estrella?

La niña sonríe feliz, pero recuerda que por las noches no es posible salir de su castillo, entonces pide a la mariposa que baile; así, de tanto contemplar sus colores en movimiento, adormecida iba a quedar. También vinieron las luciérnagas para su noche iluminar, el viento hacía sonar una dulce melodía y de repente la bella niña dulcemente se adormeció.

CADA NOCHE

En la noche gélida y solitaria encendí el hogar. Me quedé sentada observando la lumbre mientras percibía a lo lejos una melodía, bebiendo un café de esos que se preparan en una vieja cafetera que el aroma que desprende inunda el lugar; recordaba las historias que me contaba mi padre mientras mi madre leía una novela recostada en su mecedora; en esos tiempos bebía un exquisito chocolate preparado por mi abuela, disfrutaba cada sorbo y me deleitaba con su mantequilla con pan... Hoy están sus lugares vacíos, pero aunque no logre verlos, sé que a mi lado están; de repente, siento las manitas de mi madre mi rostro acariciar y me quedo dormida para poderla soñar, en el sueño abrazarla y no dejarla escapar, porque ¡me faltó disfrutarla solo un poquito más!

DÉJÀ VU

Ayer mientras caminaba, me detuve frente a una vieja casona a contemplar su fachada, sentía como si la conociera de antes, hasta se me hacía escuchar risas que salían de su interior; seguí caminando y me detuve justo donde se podía divisar el jardín, el aroma de sus flores, la gran mesa de madera maciza debajo de una parra. Se venían a mi mente un almuerzo familiar con pan de campo, pescados, olivas, queso, un vaso de vino, los niños inquietos por el patio, sol tenue de un mediodía otoñal, brisa suave de las montañas trayendo consigo un aroma a azahar. Seguí mi camino, pero todo lo que veía en esa casa parecía tan real, lo he vivido seguramente en otra época, ¡otra vida quizás!

QUISIERA

Quisiera ser tu lugar en el mundo, donde anheles estar.
Quisiera que el tiempo se detuviera en tu mirar.
Quisiera ser el agua que calme tu sed.
Quisiera ser tu abrigo en las noches de invierno.
Quisiera quedarme por siempre en tu ser.
Ser la flor más preciada de tu jardín en primavera.
Perfumar tus días desde el amanecer. Ser los brazos que te sujeten
cuando sientas decaer.
¡Quisiera que juntos escribamos nuestra historia mejor!

Tendrás que acostumbrarte a las mañanas sin sol,
a los días grises, a la lluvia, a la nieve,
a los días extremadamente calurosos.
Todos, absolutamente todos, son necesarios.
Como cuando estamos con sed necesitamos beber agua.

Cuando estamos tristes necesitamos llorar para luego reír a carcajadas. Por eso debes acostumbrarte a que todos los días son diferentes, las estaciones cambian, las tormentas pasan, la marea baja, el sol vuelve a salir en el horizonte, así pasa con nuestros estados, los días malos, los buenos, la felicidad como la tristeza pasan. Las personas que se cruzan en nuestra vida, unas para bien, otras para dejarnos alguna lección; nuestro cuerpo físico está en una metamorfosis continua, por eso… vive como si fuera el último día, haz lo que tengas ganas de hacer. No pidas permiso para ser libre y feliz, disfruta y comprende que solo te tienes a ti, ¡que es a vos mismo a quien debes complacer! Sé feliz con poco, con mucho, con lluvia o sol. ¡¡¡Ámate, te lo mereces!!!

Lentamente se quitaba su armadura, se soltaba el cabello, dejaba en su sitio su espada, se preparaba para descansar después de beber un café, se sentaba y agradecía por culminar un día más de batalla, encendía las luces, se asomaba lentamente a la ventana a observar cómo la tarde llegaba a su fin y las primeras estrellas comenzaban a titilar. El ajetreo de la calle comenzaba a sosegarse. La calma se apoderaba de la noche y de su pequeño hogar. Mientras preparaba la cena solía cantar... Sus días eran solitarios, pero amaba su soledad. Cuidaba de su jardín muy temprano, cosechaba flores para el jarrón que tenía encima de la mesa de entrada para su casa perfumar. De repente, una mañana abandonó su lugar, se marchó y nadie más volvió a saber de ella en la ciudad...

El batón de la abuela tenía bolsillos que eran como el sombrero de los magos, hasta un conejo podría salir. En uno de sus bolsillos tenía una bolsita con monedas, otra con caramelos y hasta un pedazo de pan; del otro bolsillo sacaba pañuelos, fósforos y un pequeño peine, todo lo que podía guardar para auxiliarla poque cuando estaba sola le costaba encontrar. También debajo de su almohada guardaba cosas, vivió la mitad de su vida ciega, pero eso no le impedía reconocernos; a mí, cuando llegaba a su casa, me conocía por la voz, luego al darle un beso los cabellos y la cara me solía tocar. Me pasaba la tarde con ella en su habitación o en el patio debajo de un árbol, me contaba de cuando era niña y participaba en los actos de la escuela de madre Patria; le gustaba que le peinara su cabello blanco y fino, jugábamos a las adivinanzas mientras merendábamos dulce de batata con pan, ella era más bien de comerse su yogur con pan o galletitas. Quería que fueran eternas esas visitas. La única abuela que conocí; a pesar de su condición, ¡¡era sin duda la mejor!!

CARTAS AL SOL

Escribía en hojas arrancadas de mi
cuaderno de tareas con diminuta
letra, le pedía que brillase hasta en
las noches porque le temía a la
oscuridad. Interminables cartas con
solicitudes ilusas, utopía inocente,
propias de la edad. Siempre fui amiga
del sol; con el tiempo las cartas se
dejaron de escribir, simplemente me
deleitaba contemplando el alba, y al
llegar la hora dorada Febo
se despedía de ser una enorme
esfera dorada para convertirse en el
ocaso de majestuosos colores que
hechizan y enamoran, ¡esperando a su
dulce luna!

SU GUITARRA SE QUEDÓ VIUDA

Se fue un caluroso día de verano su fiel amor, el único que sabía tocarla con sus suaves manos; la cuidaba y la llevaba siempre a su lado. Inseparables, no podrían vivir el uno sin el otro, pero el tiempo le jugó una mala pasada y a su descanso eterno el músico partió; la guitarra quedó inmóvil, jamás nadie la tocó, la dejaron en su casa en un armario. También descansó, se terminaron las noches románticas de suaves melodías, las giras agotadoras de los veranos, todo se truncó, sueños y fantasías adormecieron y el viento se lo llevó, aunque las cuerdas de su guitarra suenan algunas noches en su habitación...

LA PROMESA

Le prometió regresar, imploró que lo esperase. Ella, muy confiada e ilusa, aceptó la petición. «He de esperarte la vida entera si hiciera falta». Él su promesa jamás cumplió; ella se quedó en el pueblo esperándolo, él partió a una ciudad muy grande donde abundan las tentaciones. En unos pocos meses su promesa olvidó, sé perdió en otra mirada, otra piel acarició, bebió la miel de otros labios y suavemente otro cuerpo de una sensual morena lo enamoró; se perdió en su perfume, se enredó en sus cabellos, atrapado en su néctar se quedó, se olvidó de la promesa en aquel pueblo lejano y con su nuevo amor e ilusión se quedó…

Su mente se quedó en blanco, ya nada recuerda: se olvidó de sus hijos, de su ropa favorita, su comida preferida, todo de su cabeza desapareció. Sus cremas y sus perfumes esperándola están. Confusa, distraída, a veces no sabe si es de noche o de día, todo de su memoria se borró. Se pasa las mañanas sentada en su sillón, tratando de recordar algo; se confunde con los nombres en su cabeza, mariposas parecen revolotear, ríe, sueña…, se alegra de ver algunas fotos.

EL PATRIARCADO

Desde niños nos imponían que las niñas no deberían jugar al fútbol o con autos y los niños tenían terminantemente prohibido una muñeca tocar. Machismo de esas épocas en que las mujeres no tenían derecho a nada, mucho menos a opinar; la sociedad del patriarcado, donde todo pasaba por el hombre, se perdía la libertad de expresión, hasta la personalidad se adormecía, el color rosa era de niñas y el celeste de varón, la mujer era sumisa y cabizbaja, obedecer era su deber, no podían comprarse ellas mismas sus ropas, se vestían de lo que les compraba el marido; si no les gustaba el color, la estampa o el modelo, no había devolución. Cocinar, lavar y planchar, hacer las tareas con los niños, no tenían día de descanso ni vacaciones; ahora, ellos sí tenían salidas con amigos, fiestas del trabajo, días de pesca. La mujer era tan vulnerable, tan abusada, no tenían los mismos derechos porque su sexo las limitaba. No era dueña de sus decisiones... Un buen día comenzaron a despertar de su letargo. ¡¡¡Comenzaron a ser independientes y libres!!!

NO TE CONFORMES CON MENOS

El conformismo es lo que te quita
nuevas posibilidades. Si vives
conformándote con «Es lo que me
tocó» o «No me queda otra», no te
quedes parado observando la vida y
las oportunidades pasar... Solo porque
te conformas y también por miedo a
que no funcione. En todos los
aspectos de la vida, ¡en lo personal,
espiritual o familiar! ¡¡Reconoce tu
valor porque el que sabe lo que vale va a
por lo que realmente merece!!

¡A veces tienes que improvisar!
De eso también va la vida…
Pero jamás desistas, inténtalo sin parar,
¡¡hasta lograr tus metas!!

La vida siempre tiene muchas
opciones, pero tú haz siempre la
que te haga feliz.

Todos tenemos cicatrices,
unos en el cuerpo,
otros en el alma; aun así,
¡¡la vida es maravillosa,
vive intensamente,
ella no tiene *replay*!!

EL DÍA QUE TE FUISTE

El día que partiste a la tierra sin mal, fue difícil de aceptarlo.
Me he quedado inmóvil,
estaba trabajando y no podía dejar todo
y salir corriendo,
fue muy triste no poder abrazarte y despedirte.
Con el último beso,
¿sabes qué pensaba?
En diciembre hacer esos
miles de kilómetros que nos separaban y
poder abrazarte y reír juntas.
Ya nada de eso pudo ser,
te me fuiste en septiembre,
me quedé con un vacío inmenso en el pecho,
dos años sin verte y te me fuiste para siempre.
Te extraño…
Cada día te extraño.
El día que partiste todo se volvió gris.

CALLADA

Ha quedado callada, como si le hubiesen quitado las cuerdas vocales, solo respiraba lentamente, su mirada poco a poco se apagaba hasta cerrar sus ojos por completo; la mano que me apretaba lentamente me ha soltado, solo me vinieron a la cabeza esos días de alegría que gritabas y reías, que soñabas con comerte el mundo, pero no pudo ser... Se te terminó el tiempo en este mundo, dejaste un vacío sin igual, pero también dejaste huellas en cada persona que te conoció, que fue testigo de la energía que tenías y las ganas de vivir más, aunque fuera solo un poco más. Callada te quedaste, mi niña, en la cama de ese frío hospital, pero me he quedado con todo los momentos vividos juntas, poder ser cómplice de tus ocurrencias y testigo de tu último aliento, ¡mi corazón se reconforta de saber que ya nada te duele y que en paz estás!

CARIDAD

¿Te has preguntado cuántas formas de hacer caridad existen? No es solo dar una limosna, ofrecer un plato de comida al hambriento, abrigar al descamisado, es también ayudar al enfermo, cuidar a un anciano desinteresadamente, es ofrecer un abrazo a personas que lo están pasando mal anímicamente, por alguna razón se sienten tristes, ansiosos, estresados y olvidados. Hacer caridad también es dar una palabra de aliento, ofrecer el hombro amigo, ¡simplemente tener empatía por el prójimo…! ¡Practica siempre la caridad! Quien practica la caridad intenta ponerse en el lugar de quien vive el dolor y el sufrimiento, es importante para poner en ejercicio la transformación moral, entender que debemos y podemos hacer caridad sin importar el sexo, la raza o la religión. Amar al prójimo es hacerle todo el bien que quisiéramos que nos hicieran.

MARGINADOS

¡Sí! He crecido en un barrio humilde y marginado, pero era donde mis padres pudieron construir una casita, darnos un hogar, yo mucho no podía pedir, ya que fui abandonada por mis padres biológicos y mis tíos me abrieron las puertas de su hogar y su corazón, y fui como una más de sus hijos, me enseñaron valores, la educación que necesitaba; pero bueno, había cosas que escapaban de sus manos, como vivir en ese barrio muy marginado por la sociedad, por tener un prostíbulo en la esquina de mi casa, la misma sociedad que juzgaba y marginaba era la que consumía esas cosas (doctores, militares, grandes señores importantes del Pueblo). ¡Pienso que si no hubiera quien consumiera la prostitución, esas casas públicas con alquiler de mujeres no existirían! Podría escribirles un libro entero de este tema tan mal visto, mal considerado hasta hoy en día. Yo, que sin querer me tocó ver todo eso de cerca por vivir en ese barrio, no juzgo ni margino a esas mujeres, cada una tenía su historia de vida, sus razones para estar ahí, vivir esa vida. A mi casa siempre concurrían porque mi madre cocinaba para ellas, confeccionaba y lavaba sus ropas, yo las veía y eran normales, maquilladas, arregladas, limpias, simpáticas. Pero en mi corta edad no sabía lo que ellas hacían, simplemente eran mujeres que vivían en esa casa grande que tenía luces y música y muchas bebidas, pero un día en la escuela comenzaron a decirme mis compañeros que por qué vivía en ese barrio, seguro que mi madre era una prostituta. Nunca iban mis compañeros a mi casa por vivir en ese barrio, siempre iba yo a sus casas a jugar o a hacer trabajos prácticos. Muchas veces sentí vergüenza, otras rabia o tristeza por no poder comprender por qué las personas eran así, tan despectivas. Con el pasar de los años dejó de importarme, después de muchos años cerró el famoso prostíbulo; igualmente, al barrio hoy en día lo identifican por ese negocio de la esquina. Creo que la etiqueta le será eterna solo por ser un barrio humilde…

EL TREN

Tren, qué gratos recuerdos me traes, me
trasladas a mi infancia. Todavía guardo en
mi memoria el sonido de la locomotora, el
silbato que avisa del paso a nivel. La
estación, las barreras, la garita, los
andenes, los vagones, correría de gente
que iba y venía, el tren era sinónimo de
unión y despedidas. De encuentros y
partidas. Me encantaba observar cuando el
tren partía; muchas veces fui pasajera sin
billete y de camarote, acompañaba en
algunos viajes cortos a mi querido padre,
que era de profesión ferroviario, amaba
viajar en tren e ir mirando el paisaje. Los
campos, las distintas estaciones, la placita
de la estación colmada de margaritas,
tiempos que no volverán, qué afortunada

fui de poder disfrutar de esos momentos,
no hay palabras que describan lo feliz que
fui en esas aventuras en tren acompañada
por mi padre. Hoy en día, en las largas
noches que no puedo dormir o que me ve
triste llorando, viene a mis sueños y estamos
sentados viajando en el tren. Apoyo mi cabeza
en su hombro, me abraza hasta que despierto y
la tristeza se va; me levanto feliz y sonriendo
porque pude verle un instante.
¡¡¡El tren sigue pasando por la estación de mi vida!!!

MI VIDA COMO MÉDIUM

Ser médium es ser ese puente entre
el mundo físico y el extrafísico, es
tener habilidades que otras personas
no tienen, es percibir energías, sentir
presencias. Es evidente que para mí
siempre fue un enorme desafío; se debe
tener dedicación y disciplina, lidiar
con sentimientos, tolerancia hacia lo
desconocido. Ser altamente sensible,
a veces todo nos supera, saber algo
antes que suceda, sentirse afectado
por energías de baja frecuencia, las
intuiciones aparecen en cualquier
momento; trato de vivir una vida
normal, aunque en ocasiones hay
ciertas situaciones que no puedo
evitar. Es una vida en otras vidas,

tener la sensación y los recuerdos de
todas las vidas por las que ha pasado
tu espíritu… Respetar la vida, respetar
a los seres desencarnados, la reencarnación,
es una vida de constante sentir y no es sencillo
como muchos piensan…
¡¡Se necesita disciplina, disciplina y disciplina!!

ES TIEMPO DE SANAR

Sanando tu interior, venciendo la
ansiedad, curando heridas y dejando
solo lugar al bienestar y la felicidad.

¿TE APUNTAS?

¡¡Solo necesitarás voluntad, muchas ganas de salir adelante!!
Sé tú mismo.
Olvida el pasado.
Saber decir NO, poner límites…
Tener amistades y entorno saludables. Perdónate a ti mismo.
Sé tu amigo. Háblate en positivo. Ten una rutina: meditar,
escuchar música, salir a caminar, ¡todo lo que sea positivo para ti!

¿Si dejas huellas bonitas en los demás?
¡No porque te hirieron debes ir lastimando por la
vida a las demás personas! ¡¡Tú ve dejando una
linda y bonita huella!! Se siente mejor que herir y
dejar cicatrices…

¡¡Expresa tus objetivos para que puedan convertirse en logros!!
¡¡Comienza hoy!!
¡¡Celebra cada uno de tus logros!!
Sé valiente y toma el control de tu vida…
¡¡Quizás hoy sea el mejor día de tu vida!!

¡¡La vida y los días pasarán igual,
ningún día volverá a pasar de nuevo!!
¡¡La felicidad no es una meta,
es un estado mental que debes cultivar cada día!!
¡¡No te canses de escribir cada día de tu vida en colores!!
¡¡No te compares con los demás,
cada uno tiene su propio camino…!!
¡¡Ve a tu ritmo!!

Recuerda que tienes el poder de elegir tus pensamientos y emociones, elige sabiamente…

¡¡Aceptarse y amarse a uno mismo es un proceso
poderoso y transformador!!
Acéptate completamente tal como eres,
con cada una de tus imperfecciones,
libera la necesidad de ser perfecto,
permitiéndote ser auténtico;
eres suficiente tal y
como eres en este momento,
mereces amor simplemente por ser tú mismo.
Trabaja en tu crecimiento personal
de manera positiva y constructiva;
si te aceptas y te amas incondicionalmente,
irradiarás energía hacia los demás,
creando relaciones y un entorno auténtico y pleno.
¡¡Eres un ser maravilloso tal como eres!!

SANAR EL ALMA

En medio del ajetreo y bullicio de la vida cotidiana, a menudo olvidamos que nuestra alma también necesita cuidado y atención como nuestro cuerpo físico, dediquémosle tiempo y esfuerzo para sanarla. Es un viaje interno para enfrentarnos a nuestras heridas más profundas, para lograr plenitud y paz interior. Muchas veces reprimimos nuestras emociones y las ignoramos, ellas no van a desaparecer por sí solas, es importante aprender a perdonar al que te hizo el daño y perdonarte; presta atención al presente, te liberarás de preocupaciones pasadas o futuras. La sanación del alma es un viaje único y personal, requiere tiempo y paciencia, fortalece tu conexión con nuestro yo más auténtico y experimenta esa transformación profunda; con tiempo y dedicación podremos liberarnos de nuestras cargas emocionales y encontrar la felicidad y la paz verdaderas.

SANANDO A LA NIÑA INTERIOR

En este capítulo exploraremos la importancia de sanar a nuestra niña interior herida, por decepciones y traumas del pasado; sin embargo, es necesario aprender a sanarla para vivir plenamente. Brindarle el amor y la atención que necesita para sanar.

Reconociendo a la niña interior:

— identifica los eventos de tu infancia que te hayan causado dolor o traumas;

— reflexiona sobre cómo esos eventos afectan a tu vida y relaciones actuales;

— imagina que estás frente a ella, dispuesta a escucharla y brindarle amor y comprensión.

Conectando con tu niña interior:

1.º Encuentra un lugar tranquilo y sin interrupciones.

2.º Cierra los ojos, respira profundamente, visualízala.

3.º Pídele que exprese todo lo que siente.

4.º Escúchala sin juzgarla.

5.º Valida sus emociones.

6.º Identifica las creencias negativas que tu niña interior ha interiorizado.

7.º Reemplaza esas creencias negativas con afirmaciones positivas y empoderadas.

8.º Visualiza una escena donde tu niña interior es amada, cuidada y protegida.

9.º Comprométete a cuidar y a proteger a tu niña interior en tu vida diaria, trátala con amor y respeto, cuida tus necesidades emocionales.

10.º Sanar a nuestra niña interior es un proceso profundo, no será sencillo, pero tu niña interior merece ser sanada y amada incondicionalmente.

11.º Vamos, ¡¡¡es hora de que comiences a sanarla!!!

Sanar a la niña interior es un viaje de amor y sanación.

Fue un camino largo y desafiante, pero finalmente he llegado al final de mi viaje, sanando el alma, liberando a mi niña interior herida; el proceso fue profundo, lleno de lágrimas, risas y revelaciones, todo valió la pena, sin duda alguna. El día que decidí enfrentar mis heridas del pasado y comenzar este viaje hacia mi interior para sanar. ¡¡¡Me miré al espejo y vi a la niña triste y asustada tan vulnerable que había dejado atrás!!! La abracé fuerte y le dije: «¡¡¡Sanarás!!!».

Ya no tendrá que cargar con un pasado doloroso: está fuerte y sana, se convirtió en una fuente de amor y sabiduría.

Así que, si estás leyendo estas palabras, te animo a emprender tu propio viaje de sanación. Recuerda que mereces sanar, mereces felicidad plena. Que tu proceso de sanación te guíe hacia una vida en plenitud y amor incondicional.

ROMPIENDO EL SILENCIO

Ella encontró el valor para dejar atrás su tormento y descubrir que merecía vivir una vida libre de violencia. Con valentía y determinación encontró el camino hacia la libertad y la felicidad. Decidió salir de esa oscuridad, emergió como una mariposa volando hacia la libertad que tanto mereció, dejando atrás el dolor, y renació. La violencia no definió su destino; ella escribió su propia historia de superación. Tampoco pudo extinguir su luz, brilló aún más, demostró al mundo que nadie tiene el poder de callarla, ni de robarle su felicidad. Es crucial entender que la violencia de género no tiene límites ni fronteras, raza o religión.

Un día abrió la puerta de esa jaula y desplegó sus alas para jamás regresar...

EL PODER DEL AMOR INCONDICIONAL

El amor incondicional es un concepto sumamente hermoso y poderoso, que trasciende todas las barreras humanas. ¡¡¡Es un amor que fluye genuinamente del corazón!!! ¡¡¡AMAR INCONDICIONALMENTE A UNO MISMO!!!

— Amar incondicionalmente a los demás.

— Abrazar nuestras luces y sombras con aceptación.

— No se limita a nuestras relaciones personales, se extiende al mundo en general.

— Tener compasión hacia aquellos que nos causaron daño.

— Con el amor incondicional podemos crear un mundo más amoroso y compasivo, comenzando por nuestro propio corazón.

VOY A HABLARTE SOBRE LA ANSIEDAD

Sobre los síntomas, la lucha interior para poder superarla, el día que me diagnosticaron TAG, del psicólogo al psiquiatra, las recaídas, la fuerza y el apoyo de los míos.

La lucha interna contra la ansiedad

María se encontraba sentada en su habitación, con el corazón palpitando rápidamente y las manos sudorosas, los síntomas de la ansiedad se apoderaban de ella cada vez más, parecía no tener escapatoria, había leído numerosos libros, intentaba métodos de relajación, pero la ansiedad persistía en su vida cotidiana. Se levantó de la cama y caminó hasta el espejo del baño. Su cara pálida, en sus ojos se reflejaba frustración, tristeza y miedo; sin embargo, también había una chispa de determinación en su mirada, ¡una voz interior que le murmuraba que no podía rendirse! María salió de su habitación a la cocina, decidida a enfrentar sus miedos; encontró a su marido disfrutando de una taza de café.

—¡María! —exclamó él al verla—. ¿Qué pasa? Pareces un poco fuera de ti y asustada.

—Tengo que hablar contigo sobre algo importante —respondió María intentando controlar su voz temblorosa.

Ambos se sentaron en el sofá y María comenzó a contarle sobre su ansiedad, sus miedos irracionales y cómo interfería en su día a día; para su sorpresa él no la juzgó ni la miró con lástima, la escuchó atentamente y desde ese día fue su apoyo incondicional, su sostén en las horas más oscuras.

—María, entiendo lo que te está sucediendo y debes recordar que no estás sola, que juntos encontraremos una forma de superar la ansiedad.

María se sintió más aliviada al escucharlo, no se había dado cuenta de cuánto había necesitado ese respaldo sincero y amoroso, comprometidos a caminar juntos, a buscar métodos que pudieran sacarla adelante, y una paciencia admirable de parte de su compañero de vida, fueron días, semanas, meses y años de ayuda profesional, todo sumaba, poco a poco María fue implementando en su vida nuevas estrategias, compartir su experiencia con otras personas que estaban pasando por lo mismo; mientras construía su red de apoyo, se dio cuenta de que ¡no estaba sola en esta lucha! Con el tiempo María aprendió a reconocer los disparadores de su ansiedad y afrontándolos de manera más efectiva aprendió a modificar su diálogo interno negativo con afirmaciones positivas. Aunque la ansiedad todavía era parte de su vida, María logró sobrellevarla de una manera saludable para ella y para su entorno, evitando que controlara su existencia. ¡Estaba en un largo camino de constante crecimiento personal, a pesar de los obstáculos! ¡Esperaba que un día la ansiedad fuera solo una sombra lejana en su vida!

María se enfrentó valientemente a su ansiedad con el apoyo necesario para enfrentarla y comenzar a ganar batallas que parecían interminables. Luchar contra la ansiedad puede ser una batalla ardua y llena de obstáculos como los ataques de pánico que llegan sin avisar, pero también pueden ser eliminados, con recaídas repentinas, pero sin duda llegará el día que María estará completamente sana.

Con el tiempo, María descubrió que la ansiedad no desaparecería de su vida, pero aprendió a vivir con ella. Aprendió a escuchar las señales de su cuerpo y su mente reconociendo cuándo necesitaba un tiempo para relajarse y cuidar de sí misma. Finalmente ella comprendió que, aunque la ansiedad era parte de su historia, no definía quién era como persona; la ansiedad siempre sería un desafío, aprendió a encontrar la felicidad en medio de los altibajos emocionales. Sabía que la ansiedad era una batalla continua, pero tenía fe en su resiliencia; la guiarían a un futuro lleno de bienestar y paz mental.

Enfrentar la ansiedad fue mi mayor desafío, pero también uno de mis mayores triunfos. Que ser valiente no implica no tener miedos, sino seguir adelante a pesar de ellos. No fue fácil, pero cada paso que di para superarla me recordó que era más poderosa de lo que creía.

Cuando comprendí que todos llevamos una carga emocional y que al abrir tu corazón compartiendo tus experiencias podrías ayudar a otros a enfrentar sus desafíos. No importa cuántas veces sea desafiada ni cuántos obstáculos se pongan en mi camino, sé que tengo la fuerza interior para superarlos. Cada persona puede crear una vida plena y significativa; espero que estas líneas se conviertan en una guía y fuente de inspiración para quienes desean sanar sus heridas.

Te dejo unas frases que deberás tenerlas siempre presentes:

Cada día es una oportunidad para sanar, aprender y crecer a partir de mis errores pasados.

Me permito soltar el peso del pasado y abrazar el poder de mi presente.

Acepto mis imperfecciones como parte de mi proceso de aprendizaje y crecimiento.

Mis errores pasados no definen mi futuro; tengo el poder de crear una nueva historia.

Cada experiencia tiene un propósito en mi camino de sanación; aprovecho cada lección y sigo avanzando con fortaleza y determinación.

En el viaje de sanar el alma descubrimos que somos capaces de encontrar luz en medio de la oscuridad, de transformar nuestro dolor en fortaleza y de abrazar nuestra verdadera esencia. Al final del camino nos damos cuenta de que sanar el alma no es solo un acto de amor hacia nosotros mismos, sino también un regalo que podemos compartir con el mundo.

ESTA SOY YO...

Soy una mujer que la vida forjó a fuego y golpes como el acero de las espadas de los guerreros.

Soy esa mujer que da todo, no sabría dar nada a medias… La que mantiene sus raíces firmes, aunque le crecieron alas… No soy de máscaras. Para mí no existen los grises, ¡o es blanco, o es negro! La que extraña lugares, personas. La que es feliz viendo los atardeceres. La que ama la naturaleza. No hay nada que me haga más feliz que un día al aire libre. La que un día partió de su pueblo, de su país, cargando una mochila, en la cual le cabían todos sus sueños. Soy la que cae, se levanta, llora, ríe; a veces soy tormenta, otras mar en calma. ¡¡Soy luz y oscuridad!! La que se conforma con poco…, pero también no se conforma con nada… ¡¡Soy mujer de alas, no de jaulas!!

QUÉ BELLO RECUERDO

Qué bello recuerdo de una vida pasada,
en aquel febrero de tristeza y calma.
Caminamos juntos, de la mano, sonriendo,
como dos almas que se iban comprendiendo.

Las risas de las niñas llenaban el aire,
su alegría contagiosa nos hacía sonreír.
Fuimos felices, en ese instante efímero,
unidos en un lazo de amor sincero.

Pero el destino nos separó sin previo aviso,
observándonos desde el rincón del olvido,
viendo tus ojos perdidos en la lejanía,
anhelando revivir esa eterna magia.

En la ventana te veo, contemplando el paisaje,
recordando juntos aquel fugaz viaje.
Los recuerdos se entrelazan en mi mente,
esperando reencontrarnos en otra vida presente.

Que el universo nos vuelva a reunir,
en un nuevo capítulo por escribir,
para revivir esa historia colorida y brillante,
eternizando en cada paso nuestro amor constante.

A mi familia, fuente constante de amor y apoyo incondicional.

ÍNDICE